AF597089

Mon vagin clos

Lilo Nandort

Mon vagin clos

LE LYS BLEU
ÉDITIONS

ISBN : 979-10-377-7173-5

Introduction

Le vaginisme

Jamais auparavant je n'avais entendu parler de cela.

Depuis quelques mois, faire l'amour avec mon nouveau compagnon était devenu impossible. Une douleur incompréhensive irradiait mon corps à chaque tentative de pénétration. Mon corps entier se crispait.

Je pensais « avoir un problème ».

Cinq minutes chez la gynécologue, d'une sympathie par ailleurs fort douteuse, ont suffi.

Insertion du spéculum impossible, fermeture du vagin, contraction involontaire des muscles vaginaux, crispation des jambes…

Diagnostic, vaginisme secondaire, dû probablement à des séquelles psychologiques.

Cette découverte fut un ébranlement. Le vaginisme m'était à ce point inconnu que je me sentis anormale, coupable et pire encore honteuse. Et puis… toutes les peurs.

Peur du mal, peur de l'incurabilité, peur du tabou, peur du jugement, peur de l'incompréhension…

Or, s'il est normal d'avoir des craintes, cette maladie ne doit pas être vue comme une fatalité.

Sa naissance diffère pour chaque femme qui connaît le vaginisme. Ce dernier peut être primaire, apparaissant dès la première tentative d'intromission vaginale ou secondaire, survenant après avoir eu un ou plusieurs rapports sexuels. Toutefois, tous se guérissent.

Je ne prétends délivrer ici aucun savoir scientifique. J'aimerais simplement pouvoir livrer mon expérience et me hasarder à comprendre ce qui, chez moi, a pu engendrer le vaginisme pour ensuite dévoiler les étapes de ma guérison et peut-être déconstruire certains poncifs.

I
Retour dans mon passé

Je suppose que certaines causes qui ont précipité mon corps à se protéger remontent à mon enfance. Leur fondement se trouve dans la notion de sexe même.

Dans mes souvenirs, tout commence l'année de mes huit ans. C'est l'âge que j'ai retenu. Parce qu'il avait seize ans, huit ans de plus que moi.

À cette époque, mes parents et moi allions souvent chez un couple d'amis. Ils avaient deux fils : le plus jeune était de mon âge et dans ma classe, mais ne régnait pas entre nous une très grande entente. Le second était un adolescent.

Je ne me souviens pas distinctement de son visage ni des circonstances qui m'avaient amenée dans cette situation. Je me revois simplement dans une chambre – probablement la sienne – sans pantalon, allongée sous une couverture, sous son corps. Il me caressait, embrassait et léchait mon sexe à travers ma culotte. Il n'y a pas eu de pénétration pourtant, cette expérience fut, par la suite, traumatisante durant une longue période de ma vie.

À ce moment-là, je n'avais pas conscience de ce que nous faisions. Je me laissais faire, pensant sûrement qu'il s'agissait d'un jeu que je ne connaissais pas… mais, je détestais cela.

Je n'avais encore aucune connaissance sur le sexe, et pourtant, tout mon être ressentait que ce qui m'arrivait était mal. Mal sain. Mon corps était contracté. J'étais terrifiée.

Un jour, son frère nous surprit. Mais, lui, a protesté :

— Ce n'est pas ce que tu crois !

Son frère n'était pas crédule. Je ne sais ce qu'il se figura, mais très vite, toute ma classe de CE2 fut informée des conjectures qu'il supposait entre son frère et moi.

J'ai alors pris conscience qu'à huit ans, la plupart des élèves s'imaginaient savoir ce que signifiait « faire l'amour » et qu'ils trouvaient cela nécessairement sale. Ce n'était, en fait, qu'un jugement établi sans connaissance réelle des faits ni connaissance réelle du sexe.

J'ai reçu beaucoup de moqueries et d'insultes, j'ai été mise à l'écart bref, je suis passée pour une « salope », à huit ans…

Même notre professeur, qui avait dû entendre des rumeurs, n'eut plus tout à fait le même comportement envers moi.

Je me suis renfermée. Confusément, je découvris peu à peu ce que le mot « sexe » signifiait. Ce terme, si tabou pour les autres, devint pour moi sujet de honte. Ce terme, considéré comme « sale » par des enfants qui ne connaissaient pourtant pas son acception véritable, devint pour moi quelque chose d'impur.

Je décidai alors de mettre un terme à ce qui m'arrivait. Comme je ne voulais pas que mes parents aient honte de leur fille ou qu'ils me prennent en pitié, je pris la décision de leur taire la vérité. L'occasion m'aurait pourtant été donnée de tout dévoiler.

En effet, je présume que son frère avait dû parler à sa mère, et que cette dernière en avait fait mention à la mienne, puisque celle-ci me dit un jour « Il n'essaie pas de faire des choses avec toi au moins ? Les garçons à cet âge... » Je niai, lui affirmant que non, il ne s'était rien passé. Je voulais moi-même croire en cette négation. J'espérais que ma prise de conscience et le déni que j'allais lui opposer annihileraient tous ces actes et tous ces sentiments qui ne cessaient de me tenailler. Ce n'était, bien sûr, qu'illusion.

Imposer mon refus ne fut pas aisé. Il désirait continuer. Il m'affirmait qu'aucune des filles qu'il connaissait n'était « comme moi ». Je pense effectivement que les filles de son âge ne se laissaient pas toucher aussi facilement que je l'ai naïvement fait. Elles étaient plus averties. Voilà l'unique détail qui faisait de moi une fille si singulière. Cependant, j'avais perdu de mon ignorance. Je n'ai pas accepté de proroger son jeu.

Alors, il s'est avisé d'autres moyens pour réaliser ses fantasques obsessions. Il voulut tout d'abord me faire quitter mon pantalon derrière un rideau semi-transparent situé dans ma chambre prétextant qu'on « ne voyait rien ».

Mais la malsanité d'un tel acte me répugnait. Je refusais malgré son insistance. Je devins, bientôt, moins marrante à son goût.

Un soir où nous étions assis sur le bord de mon lit, je tâchais de lui signifier que je voulais que nous cessions définitivement toute relation quand son frère est entré. Il a fulminé quelque chose comme « vous êtes crades ». J'ai essayé de lui faire comprendre que c'était une méprise, j'ai même voulu mentir en lui affirmant qu'il ne s'était jamais rien produit. Me mentir à moi-même en réalité.

Mais avant que je ne puisse achever ma phrase, il était passé derrière moi, m'enroulant de ses jambes avant de mimer un acte sexuel. J'étais outrée. Je me levais d'un bon pour rattraper son frère, mais il était déjà parti en riant bêtement.

En dépit de son insistance, je lui ai témoigné un refus inébranlable d'attoucher une nouvelle fois mon corps. Il a fini par se désintéresser de moi, à n'être même plus sympathique à mon égard.

C'est une des premières fois où je pris conscience que certains individus pouvaient prétendre aimer une personne tant qu'elle servait un tant soit peu leurs intérêts pour la délaisser plus tard, lorsqu'elle ne satisfaisait plus leurs attentes. Pour lui, je fus une poupée désirée pour son corps puis négligée pour avoir osé affirmer son opinion et révéler que je n'étais pas qu'un corps, mais que ce dernier faisait partie d'un ensemble.

Cette période a habillé mon corps du vêtement de la honte.

Physiquement, je n'ai pas été pénétrée, pour autant, mon esprit, mon cœur et mon corps en sont ressortis violentés. Mon estime de moi-même déjà faible devint insignifiante. Quant à mon corps, le souvenir de cette épreuve lui grava de notables séquelles. Par le fait, ultérieurement, lorsque mon corps découvrit le cunnilingus, il se rétractait jusqu'à ce que tout désir me soit ôté et ne laisse en moi qu'un profond sentiment de culpabilité et de vulnérabilité. Pour moi en effet, le souvenir des attouchements faits avec sa langue sur ma culotte fut longuement un sujet de honte, et mon corps s'est approprié, pendant des années, la répugnance que j'ai pu en éprouver.

Parallèlement, il y avait les « jeux » avec ma cousine chez ma grand-mère paternelle. Nous étions dans une chambre et ma cousine voulait que l'on joue à « faire l'amour ». Alors, elle me léchait la culotte et vice versa. J'en garde un sentiment de répulsion terrible. Par ailleurs, elle me faisait revivre cet ébranlement que je vivais avec lui.

Le pire fut peut-être quand je compris que ma grand-mère était probablement au courant de ces « jeux ».

En effet, un jour, une petite fille est venue jouer avec nous chez ma grand-mère. Puis ma cousine décréta injustement qu'elles voulaient rester « toutes les deux » dans la chambre. Je restai donc avec ma grand-mère dans la cuisine qui me dit clairement : « Elles jouent à faire l'amour, c'est sale ». Je reste persuadée qu'elle n'ignorait pas que nous le faisions également. Pourquoi ne nous a-t-elle pas intimé d'arrêter ? Je l'ignore cependant, un nouveau sentiment de honte vient s'unir au premier. Je mis un terme à ces jeux au même moment que je lui imposais d'arrêter de me toucher : quand je compris peu ou prou que ces jeux n'en étaient pas.

Aux prémices de mon adolescence, je découvris le plaisir sexuel par une première masturbation dans le bain. Cette dernière est rapidement devenue mon secret honteux, quelque chose à cacher et puis, finalement, à ne plus faire.

Après ces périodes de mon enfance, et pendant des années, le sexe fut pour moi un sujet d'appréhension.

Au cours de ma jeunesse, jamais il ne m'a été expliqué la notion de « sexe » ni même pourquoi les hommes et les femmes font l'amour, les maladies que l'on peut avoir, comment s'en prémunir, etc. Ce fut à l'école, avec des intervenants, que j'appris qu'il fallait faire l'amour uniquement lorsque nous en avions envie, comment se protéger des maladies, comment mettre un préservatif, etc. Mais cela restait théorique, rapide, vague.

Lorsque j'eus 15 ans, au lycée, on nous a donné un préservatif. Le soir, je l'ai tendu à une copine de l'internat en lui disant que je ne m'en servirais pas. Sa réponse a été spontanée, surprise « mais pourquoi ? ».

Oui, en effet, pourquoi ?

Sûrement parce que le sexe était, pour moi, quelque chose de tabou, que je ne concevais qu'obscurément. Pourtant, je parvenais à en parler de manière décontractée quand le sujet était évoqué avec des copines, je savais même en rire. Mais, en mon for intérieur, je le mettais à distance, je le refoulais, il me semblait improbable que je puisse, un jour, faire l'amour. Voilà pourquoi je ne pensais pas me servir de sitôt d'un préservatif.

J'admets que cette attitude par laquelle je voulais me protéger en me cachant la vérité, en mettant mon corps à distance de mon esprit, n'était pas une solution : en occultant le sexe, j'en faisais un problème que je ne parvenais pas à affronter, encore moins à résoudre.

Je l'ai finalement idéalisé comme une petite fille le ferait d'un prince charmant. J'eus des principes : je ne voulais coucher qu'avec « le bon ». De mes amourettes d'adolescentes je suis restée colombe. Je savais que l'on pouvait rire de moi si l'on apprenait que j'étais encore vierge. En effet, les adolescents subissent cette pression sociale qui condamne le sexe à devenir quasiment obligatoire. Il apparaît comme nécessaire d'avoir « couché » si l'on ne veut pas être la risée de tous. Mais, je savais désormais me défaire du regard des autres.

Finalement, j'ai rencontré un « mec ».

Je n'aurais jamais songé que l'amour pût laisser de telles blessures ni que le corps pût avoir une telle mémoire.

Avec lui, je me suis forgée une carapace pour ne plus rien ressentir. Ses coups, bien que verbaux ou expressifs, étaient si cruels que je me préservais ainsi jusqu'à ce que je n'exprime ni n'éprouve le moindre sentiment. Cependant, ce n'était rien de moins qu'une erreur : j'eus la sensation de m'éteindre, de ne plus savoir qui j'étais, et de perdre toute confiance en moi-même.

Il a profité de mon amour, le croyant indéfectible, pour me faire souffrir.

J'ai essayé de me conformer à son image pour lui complaire. J'ai tout accepté, humiliation, intolérance, colère, etc. Seulement, moi, il m'était interdit d'être en colère, d'être malade, sinon je n'étais plus attrayante.

Et puis les filles elles sont toujours plus sensibles, plus joyeuses, elles ne réfléchissent pas autant que les hommes alors elles n'ont pas à être inquiètes.

Et oui, lui seul pouvait éprouver des angoisses.

J'étais dévorée par sa fierté malsaine qui lui faisait croire qu'il était supérieur aux autres, qu'il aurait un plus grand destin, une ambition qui le rendrait grand. Il avait quelque chose à prouver… Il ne parvenait pas à aimer ni à apprécier ce qu'il avait, il ne savait que le détruire. De fait, il dévalorisait ceux qu'il aimait pour se sentir plus fort : montrer que lui n'avait pas les faiblesses qu'il pointait chez les autres. Pourtant, cette attitude me semble, au contraire, révélatrice d'une profonde fragilité interne : humilier les autres le confortait dans sa soi-disant supériorité qu'il savait, en vérité, biaisée.

En définitive, cette ambition et cette fierté le rongeaient, et ne lui permettront jamais d'être heureux (n'est-ce pas finalement le but ultime de la vie si nous devons lui en donner un ?), mais pire encore, elles consumaient ses proches, parce qu'il rejetait toute sa frustration sur eux et n'était pas capable de se remettre en question. Je fus la première touchée.

Je fus humiliée par sa prétendue supériorité masculine.

J'avais alors vingt ans et oui, j'étais vierge. Honte à moi ! La première fois que je lui fis part de ma virginité, sa réaction fut celle d'une réelle stupéfaction. Dès lors, cette « faille » devint sa cible. Il m'abaissait souvent, et lors de nos relations sexuelles, des phrases oppressantes et répétitives telles que « mais tu ne sais pas ça ! » surgissaient et assénaient un coup à ma confiance et à mon cœur.

Je fus si longtemps méprisée que je n'osais bientôt plus faire d'autre position que celle du missionnaire. Je ne voulais pas entendre ses réflexions, j'étais terrorisée à l'idée de mal faire.

Très souvent, je n'avais aucune envie de faire l'amour, cela me révulsait, mon corps se révoltait et pourtant j'étais une formidable actrice. Je savais extrêmement bien simuler mon désir et mes gémissements. Je savais me prostituer non pour de l'argent, mais pour, pensais-je, garder son amour. C'était révoltant parce que je savais pertinemment qu'il cherchait uniquement à assouvir son désir, à pénétrer, à éjaculer, il ne cherchait nullement mon plaisir. Cela se confirma encore davantage lorsque je découvris qu'il ne savait pas ce qu'était un clitoris !

En outre, lors de ma première fois, il m'a pénétrée brutalement sans se préoccuper de ce que j'éprouvais, puis il s'est allongé, soulagé…

Peut-être ne connaissais-je que peu de chose sur le sexe lorsque nous nous sommes rencontrés, mais ce n'est pas grâce à lui que j'ai découvert comment faire l'amour. Aujourd'hui, je sais que, s'il existe bien des façons de faire l'amour une chose est certaine, l'amour ne se fait pas seul.

Il ne sait que baiser. Les filles ne sont pour lui que des objets.

Cela s'avérait en permanence : mon grand-père, qui était comme un père pour moi, fut atteint d'un cancer. Il nous a quittés et je suis allée à son enterrement un jour où nous étions en vacances. Quand je suis revenue, je n'ai pas eu le droit de pleurer, et il eût trouvé ça « lourd » d'en parler trop souvent. Tout ce qu'il voulut ce soir-là, ce fut une fellation. Son pénis me dégoûta davantage.

Et puis un jour que nous étions dans mon appartement, il est sorti sans prévenir, et lorsqu'il est revenu, il semblait bouleversé. Il lui fallait d'autres filles, il pensait « rater quelque chose de [sa] vie » en n'ayant pas d'autres relations sexuelles. Je serais l'officielle…

Tel un enfant, il lui fallait combler tous ses désirs. Ne supportant pas la frustration il me voulait moi et les autres. Moi qui, évidemment, n'aurais pas le droit à l'infidélité.

Lui qui se voulait si différent de cette société n'en était qu'un pur prototype. Effectivement, notre société n'a-t-elle pas assujetti le plaisir sexuel à une simple performance ? Le sexe n'est plus seulement recherché pour son plaisir, il devient sport, compétition, et l'on doit sans cesse chercher à l'améliorer, par de nouvelles expériences pour faire partie de la « norme ». La

« norme » : celle des rumeurs publiques, des statistiques, des sondages qui prétendent évaluer une supposée « normalité sexuelle ».

Et lui, il avait honte, notamment auprès de ses copains, de n'avoir qu'une vie sexuelle. Alors, il s'est conformé aux désirs des autres et à celui dans lequel nous mène notre société : un modèle sexuel canonique.

Je pris autrement conscience de ce « modèle sexuel » lorsqu'il m'avoua qu'il désirait avoir d'autres relations.

J'eus tout d'abord la sensation d'être absolument dépossédée de mon corps, de ne devenir qu'une poupée Barbie. Et, d'autre part, pour moi, le sexe ne devait pas être « performance », mais refléter, dans l'union, la fusion des corps, l'amour que deux êtres se portent ou, même s'il n'est que l'histoire d'un soir, il doit se faire dans le respect de chacun.

Nous nous sommes séparés puis remis ensemble. J'ai finalement accepté le compromis. J'avais bel et bien conscience de ma dépendance affective et de l'horreur de la situation dans laquelle je me trouvais. Mais, tributaire de ma passion, j'écrasais ma raison. Mon corps s'est résigné.

Il m'humiliait encore. La première fois, il m'a appelée en me disant « ça y est, c'est fait » et sa voix riait, il en était heureux.

Plus j'éprouvais de douleur, plus il paraissait joyeux. Et ce fut de mal en pis.

Heureusement, nous nous étions plus ou moins séparés avant une nouvelle rentrée universitaire et nous avions été inscrits dans deux villes radicalement opposées. J'ai décidé de l'oublier, de reprendre ma vie en main, de rencontrer d'autres personnes. Cela m'a sauvée. J'eus un coup de foudre amical qui m'aida beaucoup à me défaire de ce lien et puis, je t'ai rencontré, Toi.

J'ai radicalement mis un terme à ma relation avec lui. Je crois que cela lui fit un mal fou : il m'a envoyé un message magnifique de ceux que je n'ai jamais reçu lorsque nous étions ensemble, il a également pris régulièrement de mes nouvelles, espérant que je me séparerais de mon nouveau compagnon. Mais, je ne suis pas revenue et j'ai cessé toute conversation avec lui. Il ne pensait pas que ce serait possible. Eh bien si, je ne l'aimais plus et je ne me laissais plus faire.

Il n'avait plus d'emprise sur moi. Je me pensais totalement libérée.

Mais le corps à ses propres souvenirs. Mon corps n'a plus voulu perdre le contrôle, il avait accumulé trop de souffrances. Il ne voulait plus être chosifié.

II
Mes ressentis

Bien après ce qu'il m'est arrivé lors de mes huit ans, je me suis sentie coupable de n'avoir pas protesté au préalable. Cela m'a hantée pendant des années pourtant, je n'étais pas une coupable, mais une victime. Je sais aujourd'hui que je n'ai rien à justifier. Par ailleurs, j'ai appris à ne plus chercher à me pardonner : je n'avais aucun pardon à m'accorder puisque je n'avais pas fauté.

Mais cette réflexion fut l'aboutissement d'un long cheminement personnel. Longtemps, j'eus réellement honte des attouchements reçus dans mon enfance, et jamais je n'en ai parlé à quelqu'un, jusqu'à Toi.

Lorsque je fus diagnostiquée du vaginisme, il me sembla nécessaire de chercher l'origine et les causes de cette maladie.

C'est dans ce contexte qu'il m'apparut judicieux de me confier : j'avais conscience qu'enfouir davantage ce souvenir ne me mènerait pas vers la guérison, bien au contraire, mais conforterait mon corps dans sa protection.

J'ai alors songé qu'il serait temps que mes parents sachent ce secret de mon enfance et je pensais également qu'ils pourraient m'apporter un certain réconfort face à la maladie. Mais, je n'ai pas trouvé le soutien que j'escomptais. En effet, ma mère a été effrayée par la révélation de mes attouchements, n'a surtout pas voulu que mon père en soit informé. Peut-être était-ce pour qu'il ne fasse pas quelque chose de mal ?

Je crois surtout que c'était à cause d'une forme de honte. Cela s'est confirmé quand j'ai essayé d'aborder le sujet du vaginisme avec eux. C'est un sujet si tabou que je ne pense pas qu'ils aient réellement compris de quoi il s'agissait et d'ailleurs ne m'en ont jamais reparlé, ne m'ont jamais demandé si j'étais guérie ou chercher des solutions pour me venir en aide.

Ainsi, ayant peur d'une réaction similaire à celle de mes parents je n'ai plus voulu m'ouvrir sur ce sujet à qui que ce soit. Je n'ai pu en parler qu'à mon chéri, mon kiné, mon hypnothérapeute et mon miroir. Je suis injuste : mon chat aussi a su se montrer compréhensif !

L'apparition du vaginisme est survenue rapidement. En effet, je ne m'étais séparée que depuis quelques mois lorsque je T'ai rencontré et, déjà, mon corps avait formé son bouclier.

Jamais je n'aurais pensé rencontrer quelqu'un aussi promptement. Pourtant, Tu es arrivé dans ma vie avec une simplicité déconcertante. Mais je fus longtemps effrayée par cette nouvelle relation, terrifiée de me retrouver avec un autre pervers et l'idée même de faire l'amour me paraissait inconcevable : je ne voulais plus être considérée comme un objet et je craignais que Tu m'humilies, Toi aussi.

Aussi, j'ai fui quelque temps les relations sexuelles, ne cherchant que de la tendresse, je tolérais seulement les caresses et les masturbations, souhaitant apprendre à nous découvrir.

Cependant, même ainsi, un effroi démesuré me submergeait dans nos rapports parce que je savais que viendrait un temps où je ne pourrai plus fuir la pénétration. Je percevais alors celle-ci comme une nécessité.

Mais, je ne ressentais plus aucun désir de faire l'amour.

Au fil du temps, quand j'ai commencé à avoir confiance en Toi, l'envie a discrètement ressurgi. Néanmoins, lorsque nous voulûmes faire l'amour, la pénétration fut impossible. Le seul effleurement de son sexe à l'entrée de mon axe vaginal provoquait une souffrance indicible. Cela se reproduisait à chaque tentative de pénétration et, peu à peu, mon désir s'amenuisa.

Ainsi, je décidai de prendre rendez-vous chez une gynécologue. Cette dernière me pronostiqua un vaginisme secondaire et me conseilla de voir un sexologue.

Aussi, je me mis en recherche d'un spécialiste. Celui que je choisis était à la fois sexologue et hypnologue, et il me fut d'une grande aide.

J'ai éprouvé une réelle difficulté à livrer cette part de moi-même à un inconnu, mais ma langue s'est peu à peu déliée parce que je voulais résoudre ce « problème ».

Nous avons donc échangé sur mes expériences passées afin de surpasser les blessures conscientes et inconscientes dont souffraient mon corps et mon esprit.

Je lui expliquai également les douleurs que je ressentais lors de nos pseudo-pénétrations, mais aussi la manière incontrôlable qu'avait mon corps de se contracter face au souvenir de la douleur.

L'une des premières choses que le sexologue m'ait dites fut qu'il fallait que je me réapproprie mon corps : que j'apprenne véritablement à le connaître. Pour cela, il m'exhorta à me masturber : l'objectif étant d'apprendre à savoir comment j'aimais être touchée, dire mes envies afin que mon esprit et mon corps associent à nouveau l'acte sexuel au plaisir, et non à la douleur. Cette première étape m'aida à comprendre mon plaisir, mais aussi à désirer la pénétration : celle-ci semblait être, pour moi, la concrétisation d'un désir devenu intense.

Je ne m'étais plus touchée depuis mes premières masturbations dans la baignoire lorsque j'étais adolescente. Cette démarche fut donc, dans un premier temps, délicate. J'eus de nombreuses réticences parce que j'avais associé cela à quelque chose de « sale » bien qu'il n'en soit rien. Tu m'as aidée à me défaire de ce complexe, renforçant les dires du sexologue. Nous avons échangé sur nos premières expériences de masturbations, sans tabou et j'en ai presque ri de soulagement, prenant conscience que cela n'avait rien de honteux. Tu as su me rassurer et me soutenir, toujours.

Si au début, me toucher me demanda une certaine volonté, je le fis, par la suite, avec envie. J'eus cependant beaucoup de difficulté à introduire un doigt à l'intérieur de mon vagin parce que ce dernier restait contracté et douloureux, puis j'y parvins prudemment après de longues semaines et ce fut une avancée supplémentaire.

Le sexologue m'invita également à faire davantage de jeux sexuels avec mon compagnon pour retrouver le plaisir et le désir sexuel, me faisant prendre conscience que la pénétration n'était pas le but ultime d'un rapport sexuel, mais simplement une des nombreuses façons de faire l'amour. Cela me permit de ne plus avoir de « blocage » sur la pénétration et de prendre davantage de plaisir dans nos rapports : déguisements, sex-toys, frottements et masturbations nous permirent de profiter d'instants intenses sans que la pénétration soit une nécessité.

Néanmoins, je n'étais pas encore libérée du vaginisme. J'eus d'autres séances avec le sexologue en particulier des séances d'hypnose. Les douleurs les plus profondes semblent refoulées dans notre inconscient. Certains certifieront qu'il n'en est rien cependant, pour moi, l'hypnose fut réellement bénéfique. En soignant des blessures inconscientes, mon corps et mon esprit s'apaisèrent peu à peu et certaines peurs diminuèrent considérablement.

Nous pûmes avoir une première pseudo-relation sexuelle par la pénétration. Cette dernière ne se fit pas sans douleur, j'eus même un léger saignement, et nous arrêtâmes quand celle-ci devint trop forte. Cependant, je fus contente de cette avancée.

Par la suite, j'appris également à penser l'amour et le vaginisme d'une tout autre façon. En effet, lorsque Ton sexe est entré en moi cette fois-là, une image s'est forgée dans mon esprit : il me semblait que ce dernier, ne pouvant me pénétrer, était ralenti dans sa progression par des « murs », des obstacles quasi infranchissables, si durs qu'il lui était pratiquement impossible de passer, et que ce passage ne pouvait se faire sans douleur créant parfois comme une déchirure.

Or, le sexologue me conseilla de ne plus voir ces « murs » comme des obstacles infranchissables, mais plutôt comme des voiles qu'il ne faudrait pas forcer, mais soulever.

Il m'invita également à ne plus penser que j'allais forcément souffrir, de faire comprendre à mon corps que, comme lors de mes masturbations, je n'allais éprouver que du plaisir, que le plaisir était l'objectif des relations sexuelles.

Pour cela, je pouvais respirer pour décontracter mes muscles et mes cuisses qui se contractaient involontairement donnant un signal de tension et de détresse à mon corps, lui envoyant en pleine figure un panneau de signalisation « danger » imposant dès lors l'idée de douleur avec l'idée de pénétration. Prendre le temps de décontracter mes muscles et mon corps était nécessaire pour ne pas envoyer ce signal de détresse.

Quelques mois plus tard, alors que j'étais sur le côté, tu t'es approché de moi pour me cajoler et j'ai senti ton désir croître contre mon corps tandis que le désir montait en moi comme cela ne m'était pas arrivé depuis longtemps. Alors, nous avons réessayé. J'étais étrangement détendue, sereine et, malgré les vives douleurs encore présentes, la pénétration fut supportable et je ressentis même un peu de plaisir. J'ai apprécié ce moment, ce fut un instant de joie pour tous les deux et une nouvelle avancée vers la guérison.

Par la suite, le sexologue me conseilla aussi de prendre les « commandes » pour signifier à mon vagin que tout relevait véritablement de ma volonté, que je ne subissais pas la relation. Que l'intromission sexuelle était voulue et désirée.

J'ai alors essayé de me positionner assise sur lui et dans d'autres postures dans lesquelles je « prenais les devants », mais lorsque j'essayais de faire rentrer son pénis dans mon vagin, la douleur était fulgurante. Nous essayâmes quelques positions différentes, mais la plupart me procuraient des douleurs bien trop acérées. J'ignore pourquoi les deux seules positions qui me firent ressentir le moins de douleur furent celles du missionnaire et de la petite cuillère. Elles seules permettaient une pénétration.

Alors, je décidai de prendre littéralement les choses en main en prenant son sexe avec ma main et en l'introduisant à mon rythme dans mon sexe.

Il y eut un réel progrès dans nos relations sexuelles, mais la douleur était toujours présente et, peu à peu, je sentis que je me refermais sur moi-même amplifiant ainsi davantage la douleur et une plus grande difficulté à « mouiller ». Dès lors, je sentis mon désir diminuer à nouveau à cause de la peur de la douleur. Et mon vagin se referma de plus en plus. Lorsque nous essayions une pénétration, les larmes me montaient aux yeux tant j'étais ébranlée par la souffrance. Ton sexe devenait un rasoir tranchant, car mon corps lui opposait une barrière. Je ne parvenais plus à voir des « voiles », ces barrières redevenaient des « murs » infranchissables. Toute avancée de ton sexe à l'intérieur de mon vagin était ressentie comme une effroyable déchirure. Même lorsque Ton sexe sortait de mon corps, je restais quelque temps recroquevillée en position fœtus parce que mon vagin me brûlait atrocement durant quelques minutes et même lorsque j'urinais.

Je ressentais une telle culpabilité qu'il arrivait que celle-ci me tétanise. Je restais immobile, allongée, contrôlant ce sentiment envahissant. Heureusement, Tu as toujours su me réconforter, m'affirmant que je n'avais pas à culpabiliser, que ce n'était pas ma faute et que l'on y arriverait, que l'on devait se laisser du temps.

Par ailleurs, Tu ne supportais pas me voir souffrir et je devais souvent insister pour que nous continuions parce que j'étais réellement frustrée de ne pas y arriver. Mais tu ne persévérais pas longtemps, Tu ne voulais pas que j'aie mal et que mon vagin associe davantage l'amour à la souffrance. Et Tu avais raison.

Ainsi, le sexologue avait permis à mon esprit d'apprendre à mon vagin à se rouvrir, de découvrir qu'il pouvait y avoir une sexualité sans abus et un réel plaisir à partager. Mais la douleur restait. Je n'étais pas complètement guérie.

J'ai donc fait appel à une kinésithérapeute dont l'une des spécialités était le vaginisme. Lors de notre première séance, elle me montra un schéma d'un vagin, m'expliquant que de nombreuses femmes avaient une vision faussée de ce dernier et que des angoisses pouvaient provenir de cette méconnaissance. D'aucuns pensent, par exemple, que la cavité vaginale est déjà très large et prête à recevoir le pénis or, au repos, les parois du vagin se touchent et, lors d'un rapport, dans l'excitation, les muscles du périnée se détendent, le vagin s'élargit épousant la forme du pénis introduit en lui. C'est ce frottement qui permet l'obtention du plaisir.

Par la suite, elle m'expliqua que le vaginisme reposait sur un cercle vicieux : cela commence par une phobie du coït due à l'anticipation de la douleur de la pénétration par conséquent, à l'approche du pénis, les muscles entourant l'ouverture du vagin se contractent dans un réflexe protecteur. Le pénis se heurte alors contre les muscles contractés, ces « murs », le vagin a une insuffisance de lubrification, ce qui provoque la douleur. Le cerveau enregistre alors l'acte comme douloureux et cela entraîne la perte du désir. Perte du désir qui entraîne la peur de la douleur, cette peur indique aux muscles de se contracter et la douleur revient. Cercle vicieux.

Pour lutter contre ce dernier, elle m'expliqua que l'on allait utiliser des dilatateurs Velvi de différentes tailles imitant la forme d'un pénis, réglés de la taille 1 (taille d'un petit doigt) à la taille 6 (taille d'un pénis en érection).

Les dilatateurs (bien que le nom soit critiquable), employés progressivement du plus petit au plus grand, permettent au vagin de comprendre que la pénétration peut être indolore.

Ainsi, la peur de la douleur diminuera peu à peu, les muscles se contracteront de moins en moins, le désir pourra réapparaître et la pénétration se faire avec de plus en plus de plaisir.

Je m'allongeai sur le dos, sur une table de kinésithérapie, jambes écartées. Elle discutait avec moi tout en mettant un préservatif et du lubrifiant sur le dilatateur.

Puis, délicatement et avec mon consentement, elle introduisit le premier dilatateur s'arrêtant lorsque la douleur survenait ; alors, elle me conseillait de respirer par le ventre pour faire évacuer la pression et me décontracter. Dès que la douleur s'était amenuisée, elle continuait sa progression à l'intérieur de mon vagin jusqu'à ce que le dilatateur soit entièrement entré. Alors, elle le retirait délicatement et prenait un dilatateur de taille supérieure avant d'effectuer le même processus.

À de la fin de notre première séance, elle me conseilla de ne pas faire l'amour pendant un mois, jusqu'à notre prochain rendez-vous : elle n'avait pu introduire que les trois premières tailles du dilatateur et m'expliqua que mon vagin aurait vécu comme une agression de se voir introduire subitement un sexe de taille 6.

Nous nous revîmes deux ou trois fois par la suite et continuâmes l'utilisation des dilatateurs. Elle me conseilla de ne pas continuer une pénétration si, sur une échelle de 1 à 10, la douleur était supérieure à 4. En effet, mon corps associerait alors l'acte sexuel à la douleur et l'appréhension de cette douleur produirait une nouvelle fois du vaginisme.

Lorsque la pénétration avec les dilatateurs se fit plus sereine elle me conseilla de recommencer la pénétration avec mon ami, mais uniquement si je le désirais réellement, et elle m'enjoignit à acheter le kit vaginisme comprenant les six dilatateurs si je me sentais prête à le faire seule.

J'achetai donc le kit. Dans une pochette violette se trouvaient les six dilatateurs, de tailles variées, emboîtés comme une poupée russe ainsi qu'un adaptateur muni d'une poignée sur lequel l'on peut insérer un dilatateur puis l'introduire, grâce à la poignée, à son rythme dans notre vagin.

M'allongeant sur mon lit, j'imprégnai le dilatateur de lubrifiant et commençai son avancée à l'intérieur de mon vagin. Cela se faisait sans douleur puisque je m'arrêtai à chaque « mur » attendant que mes muscles se décontractent et que je puisse continuer la progression du dilatateur jusqu'à sa totale intromission. Dès lors, je passai au suivant.

J'utilisai le kit régulièrement, évitant de faire l'amour avec pénétration avec mon compagnon pendant quelque temps, comme me l'avait conseillé la kinésithérapeute. J'observai alors une progression rapide.

Nos relations sexuelles avec pénétration ne se firent pas immédiatement sans douleur (moins de 4/10), mais cette dernière était estompée par le plaisir que je ressentais bientôt.

Peu à peu, nous pûmes changer de positions sans que cela me fasse souffrir.

Au départ, nous changions de position sans sortir son pénis de mon vagin parce que l'intromission de son sexe en moi était le plus douloureux et me procurait une sensation intense de brûlure. Brûlure qui demeurait après la pénétration et nous interdisait toute pénétration pendant quelques jours.

Ce fut une belle avancée qui n'empêcha cependant pas une rechute de plusieurs mois. En effet, nous dûmes faire face à une autre épreuve : lorsque nous terminions de faire l'amour, au lieu de vouloir me lover contre son corps et le tenir dans mes bras, je n'éprouvais qu'un besoin déconcertant d'être seule, ne supportant plus ses caresses ou bien son simple contact. Je me sentais totalement souillée, salie, sans que je puisse en donner une explication. Ce fut une période très délicate où je me refermais totalement. Je fuyais nos relations sexuelles, ayant peur de cet acte, et pire encore, ne ressentant plus aucun désir. Ainsi, tu n'osas bientôt plus me caresser au quotidien, me toucher comme tu en avais l'habitude de peur de m'effrayer par une mauvaise interprétation de tes gestes. Ce qui impliqua que ton désir diminua légèrement. Je pris peur. Je me sentais entièrement démunie en regard de cette situation.

Nous eûmes alors à nouveau, de longues conversations bienveillantes qui me permirent de travailler sur moi-même. Je compris bientôt que, lorsque l'on fait l'amour, il est préférable de laisser sa raison et ses pensées de côté pour laisser place à la sensation et surtout pour laisser le naturel ressurgir. En outre, je pris pleinement conscience que si faire l'amour fut parfois jugé comme malsain au cours des siècles, et que cela perdure encore dans notre société, il s'agit en réalité d'une des choses les plus naturelles qu'il soit, tant pour l'homme que pour la femme. Je compris que je devais libérer mon corps des chaînes que je n'avais pas vues au départ. Je devais me considérer comme une femme. J'étais devenue une femme qui s'accomplissait de jour en jour, je n'étais plus une petite fille ni une adolescente naïve et influençable. J'étais une femme. Cela fut étrangement un véritable déclic, et mon corps put s'ouvrir naturellement comme le ferait celui de n'importe quelle femme. Dès lors, je pus faire l'amour non plus seulement pour Toi, mais pour moi également.

Ainsi, peu à peu, grâce à ton amour et à ma volonté, je pris davantage confiance en moi, j'ai redonné à mon corps la place qu'il méritait : il n'était pas un objet, mais une véritable chance quotidienne dont il fallait prendre soin et dont je pouvais jouir.

En m'acceptant et en me redécouvrant, je me suis épanouie tant physiquement que mentalement.

Le vaginisme fut une épreuve envoyée par la vie, mais d'un malheur, il est devenu, grâce aux étapes de guérisons, un moyen de me sentir bien avec moi-même. Je peux désormais profiter de ma vie sexuelle comme je l'entends, écouter mon corps et, surtout, m'épanouir pleinement en tant que femme.

Remerciements

Je tiens à remercier le sexologue M. Akim Gibert qui m'a aidée à me libérer de certaines chaînes, et à renouer avec mon corps. Un grand merci également à la kinésithérapeute Mme Anne Durand, pour ses conseils précieux, sa douceur et son écoute lors des séances. Tous deux m'ont permis d'avoir une vision bien plus positive de la sexualité, et de l'appréhender différemment.

Et enfin, merci à l'homme qui partage ma vie, pour sa patience, son soutien et son amour qui me furent essentiels.

Imprimé en Allemagne
Achevé d'imprimer en septembre 2022
Dépôt légal : septembre 2022

Pour

Le Lys Bleu Éditions
40, rue du Louvre
75001 Paris

LE LYS BLEU
ÉDITIONS

www.ingramcontent.com/pod-product-compliance
Lightning Source LLC
LaVergne TN
LVHW052107160826
845678LV00015B/3414

* 9 7 9 1 0 3 7 7 7 1 7 3 5 *